中小企業の基幹システム導入・更改
成功への道

太田 記生

書肆亥工房

中小企業の基幹システム導入・更改
成功への道

目 次

Unit1 基幹システムは「会社の命」・7

Unit2 基幹システム導入・更改は経営層レベルで取り組むべき「経営課題」・11

Unit3 基幹システム導入・更改プロジェクトの編成・17

Unit4 「IT人材」の育成・23

Unit5 IT導入のキモ「RFP」・29

Unit6 RFP策定による業務の見える化・33

Unit7 システム選定では相見積をとることが重要・39

Unit8 ベンダーロックイン・43

Unit9 システム会社とうまくお付き合いするコツ・47

Unit10 ユーザー企業とシステム会社のギャップ・51

Unit11 「IT満足度調査」「ITについて考えるワークショップ」の定期実施・59

Unit12 「モグラ化」したシステムの更改・63

Unit13 新システムのネーミング・67

Unit14 CIOを任命する・73

【付】あなたの会社のベストマッチIT導入チェックリスト・77

中小企業の基幹システム導入・更改
成功への道

unit 1

基幹システムは「会社の命」

- 基幹システム更改は会社の命運を懸けたプロジェクト・8
- 基幹システム更改は「経営判断」の繰り返し・9
- RFPは会社の命の設計図・10

　IT・システムは「売上アップやコスト削減のためのツール」であるとされてきました。

　しかし、生産管理システム・販売管理システムなど基幹システムの場合は話が異なります。

　基幹システムは会社の根幹といえるものであり、もし基幹システムが止まれば、会社の業務が止まってしまいます。基幹システムは会社では非常に重要な位置を占めているため、単なるツールという言葉で片付けられません。

　そのため、基幹システムは「会社の命」であると言えるでしょう。

基幹システム更改は会社の命運を懸けたプロジェクト

　単なるツールを遥かに超えた、重要な位置づけにある基幹システムの導入には、会社の経営トップが関わることがとても重要になります。そのため、私は、**基幹システムの導入は、まさに会社の命運を懸けて取り組まなければならないもの**だと考えています。

　会社の命運を懸けた非常に重要なプロジェクトですので、私自身コンサルティングを行うことにやりがいを感じますし、お客様のために絶対成功させなければならないという責任をもって取り組んでいます。

　私がコンサルティングの業務をお受けする際は、必ず経営者の方とお話をして、経営者の本気度を確認してからお受けするようにしています。経営者が基幹システム更改に本気で関わっていただけないと、プロジェクトの成功は困難です。

point　基幹システム更改には、経営者が本気で関わることが肝要です。

基幹システム更改は「経営判断」の繰り返し

　基幹システムの導入や更改には「経営判断」を行う時が必ず訪れます。ある機能を入れるのか入れないのか、カスタマイズを行うか否か、システム化するのかしないのか、といった判断は、**現場目線と経営者目線では全く異なる**からです。「その要件をシステムに実装することで、自社の売上アップやコスト削減にどれほど貢献するか」といった具体的な効果を想定して判断を下す必要があります。この判断は、経営者・経営層が最終的に行うことになります。

　経営者が現場から要求される機能が不必要だと判断した場合は、現場からの要求を退けるため、経営者自らが現場の社員に説得しなければならないこともあります。経営者にこのような覚悟があるかどうかが重要なのです。

　このような状況は、要件定義に始まり、運用テストに至るまで何度も訪れます。経営者が「言いにくいこともしっかり言い合う」覚悟で、最初から最後まで基幹システム更改に関わることが重要です。

point　**基幹システム更改では、経営者の覚悟が問われます。**

RFPは会社の命の設計図

　会社の命ともいえる基幹システムの要件をまとめるRFP（Request For Proposal、提案依頼書）は、まさに「会社の命の設計図」といえるでしょう。会社の業務のどこをシステム化するのか、グランドデザインをまとめ、文書化したものがRFPです。RFPの策定を疎かにすれば、不要不急な機能が入ったり、あとから想定外の機能不足が発覚したり、最悪の場合、「トラブルプロジェクト」になってしまう危険が高まります。

　トラブルプロジェクトになってしまえば、ビジネスチャンスを失いかねませんし、本来であれば必要のない苦労や業務が増えてしまうこともありえます。RFPを「会社の命の設計図」だと思って策定することが求められます。

point　RFPの策定を疎かにすると、トラブルプロジェクトを誘発するリスクが高まります。

unit 2

基幹システム導入・更改は経営層レベルで取り組むべき「経営課題」

- ITが経営にもたらすインパクト・12
- 経営ビジョンに沿った基幹システム構築戦略・13
- 大局的・経営的な目線で判断・14
- 「現場ニーズ」と「経営ビジョン」の調和点・15

ITが経営にもたらすインパクト

「ITのことは、私は詳しくないから…」
「それはITで簡単にできるから…」
　残念ながら一般企業では、ITは未だに「業務の中枢」とは見てもらえず、コストセンターの一つとして、「担当者に任せておけばよい」「簡単だ」と軽視される傾向にあります。しかし、特に生産管理システムや販売管理システムなど基幹システムの話になると、たとえIT専任担当者がいたとしても、担当者に任せきりにすることは決してできません。**基幹システムの導入・更改については、経営者レベル、経営層レベルで取り組むことが必要**になります。
　過去にある企業経営者の発言として、「難しいことはITの進歩で解決してくれるので大丈夫」との趣旨の発言をされていた方がいらっしゃいました。その企業は、数年後に大規模なシステム障害を引き起こすことになってしまいました。このシステム障害は、経営者が「ITがいかに経営に大きなインパクトをもたらすか」を知らなかったことが原因ではないかと感じています。

point　基幹システムは「業務の中枢」です。IT担当者に任せきりにすることはできません。

経営ビジョンに沿った基幹システム構築戦略

　IT、特に基幹システムは、「会社の生命線」と呼ぶに等しいものです。社内の大半の人間が基幹システムに毎日長時間に渡って関わり、入力作業を行い、そして、基幹システムがはじき出す数値・結果を踏まえて、これからの自社の未来のこと、お客様のことを、会社全体で考えることになります。

　そのため、基幹システムは、経営ビジョンに沿うものでなければなりません。つまり、**経営ビジョンを正しく理解している人にしか基幹システム導入・更改を行うことは出来ない**ということです。基幹システムを自社の「経営課題」として位置付け、経営層レベルの方がしっかりと向き合うことが、基幹システム導入・更改を成功させるカギとなります。

point　**基幹システムの課題は、自社の「経営課題」として位置付けます。**

大局的・経営的な目線で判断

　基幹システムのソフトウェアやパッケージシステム（独自開発でない、市販されたシステム）を選ぶ際は、「現場の要望を満たしていること」だけではなく、「**本当に経営の役に立つシステムなのか**」という大局的な目線、経営的な目線での判断が必要となります。

　社内のニーズを聞いて、新システムへの要件に反映させることは大事ですが、それが会社にとって十分な利益やメリットを生まない機能であれば、要件に反映するべきではありません。

point　経営ビジョンに沿わない現場の要望は、勇気を持って断ち切ります。

「現場ニーズ」と
「経営ビジョン」の調和点

　現場のニーズは、「現状維持」と「操作の便利さ」を追求するニーズが多く見られます。例えば、「今と全く同じ帳票・画面にして欲しい」とか「入力しやすくしてほしい」「見やすくしてほしい」などです。

　操作性やビジュアルもある程度は必要ですが、そのための追加要望が多ければ多いほど、システム導入費用は高額になり、プロジェクトの難度が上がっていきます。**機能追加で発生したコストが、将来、会社の利益として返ってくるのか、企業にとっての売上アップ、コスト削減、収益力強化に貢献するか、という収益性を意識した目線で検討**することが重要です。

　このように、基幹システムの導入・更改は、経営課題として取り組む必要があります。経営者レベルで向き合い、大局的な目で見て、真に経営の役に立つシステムを選択していくことが求められるのです。

point　パッケージシステムのカスタマイズの可否は、カスタマイズ費用に見合った価値（リターン）を見極めて判断します。

MEMO

unit 3

基幹システム導入・更改プロジェクトの編成

- ● プロジェクトメンバーの選抜・18
- ● キーパーソンの見極め・19
- ● キーパーソンは"ITクレーマー"の場合も・20
- ● 十分なヒアリング時間の確保・21

プロジェクトメンバーの選抜

　基幹システム導入・更改プロジェクトの編成にあたっては、営業部門・製造部門など、ユーザー部門（利用部門）に属する社員を必ずメンバーに入れることが重要です。これは各部門のヒアリングや意思疎通をスムーズに行うためです。「**経営層だけ**」や「**IT部門だけ**」**で導入・更改を実施しようとすると、現場のニーズを把握できず、システム導入は困難を極めます。**

　プロジェクトメンバーの編成は、今後の会社の浮沈に関わる重要な鍵となるため、慎重に行う必要があります。

point　　プロジェクトメンバーには、ユーザー部門の社員を必ず入れます。

キーパーソンの見極め

　プロジェクトメンバーを選定する上で重要なことは「キーパーソンを必ずプロジェクトに入れる」ということです。

　キーパーソンとは、社内や部署内、または組織の人間関係の中で大きな影響力をもった人物のことをいいます。「**この人の言うことであれば、周りの人は従ってくれるだろう**」と思える人のことです。各部署で影響力をもったメンバーをプロジェクトに入れることで、プロジェクトの決定事項や新システムの仕様などがスムーズに各部署に伝わりやすい、また、各部署のメンバーを説得しやすいといった利点があります

point　**プロジェクト編成にあたっては、影響力をもった社員が誰か、しっかり見極めていきます。**

キーパーソンは "ITクレーマー" の場合も

　あなたの会社にも一人は"ITクレーマー"が存在するのではないでしょうか。ここで言うITクレーマーとは、社内のITシステムの非効率な箇所や改善点に対して、**耳の痛い苦情や改善要求を言う人**のことです。もし社内にITクレーマーがいるのであれば、できる限りプロジェクトに巻き込むことをお勧めします。

　なぜならば、**システム更改後のクレームが大幅に減る**ことが期待できるためです。ITクレーマーは現状の至らない点を把握していることが多く、プロジェクトのメンバーに加えることで改善案を聞き出すことが期待できます。結果的にプロジェクトの成功に繋がることが期待できます。また、「**ITの改善には、想像以上に時間と費用がかかる**」ことも肌で感じていただけます。そして、もし新システム導入後に仕様上の不具合が見つかったとしても、「あなたが決めたシステムですよね」と応じることが可能になります。

　このように、ITクレーマーをプロジェクトに入れることで、現状の業務の改善点の洗い出しがスムーズに行え、導入後のトラブル回避も期待できるというメリットがあります。

> **point** プロジェクトには、多少「うるさい」くらいの人をメンバーに入れます。決して「仲良しクラブ」にしてはいけません。

十分な ヒアリング時間 の確保

　現状の業務を改善するシステムを導入するためには、現状分析と社内ニーズのヒアリングを徹底的に行う必要があります。もし、このヒアリングを疎かにし、**現行業務と社内ニーズを無視してしまえば「使われないシステム」「クレームの止まらないシステム」**になってしまいます。

　余裕のあるスケジュールを組むことが重要です。補助金などの申請時期にシステム導入を無理やり合わせるのではなく、じっくりとシステム導入のことを議論・検討できるスケジュールを組む必要があります。

point　どんなに急いでいても、時間よりもヒアリングが**最優先**です。

MEMO

「IT人材」の育成

unit 4

- システム会社とまともに渡り合える人材の育成・24
- 真に必要とされるIT人材像・25
- IT人材は会社の未来を担う重要な人材・27

　基幹システム導入・更改を成功させるために鉄則として、自社内にIT人材を育成することが重要です。
　ここでいうIT人材というのは、「システム開発経験がある」「パソコンに詳しい」などということではありません。システム開発を行うシステム会社と対等に渡り合える人材のことをいいます。

シ ステム会社と まともに渡り合える 人材の育成

　システム導入・更改の際には、必ずシステム会社との意思疎通が必要となりますが、システム会社の中には、難しい用語や英語、ヨコモジを取り入れて話をする方が大勢いらっしゃいます。システム開発に詳しくない人からすれば呪文のように聞こえてくることも少なくありません。そのときに「難しいからよく分からない」「訊き直しても理解できない」で終わらせてしまえば、システム会社との意思疎通・コミュニケーションは失敗に終わります。

　分からない時は「分かるまで何度でも訊く」「分かるまで調べる」「用語を勉強する」などの忍耐力、知的体力が必要なのです。

point　IT人材には忍耐力、知的体力が欠かせません。

真に必要とされる
IT人材像

私が考えるIT人材像は、下記の2つのスキルを保有する人材です。
1．自社のIT化を率先して推進できる人材
2．経営面からIT戦略を考えることができる人材

「自社のIT化を率先して推進できる人材」とは

　業務が「属人化」することは、社員にとっても会社にとってもリスクになります。もし仮に、その業務を担当している社員が、病気などで急にいなくなるとしたらどうなりますか。マニュアルがなかったり、引継ぎ資料がない状態であれば、業務の安定化にかなりの時間を割かれるのではないでしょうか。
　このような状況を防ぐため、ときには**「自分の仕事が無くなるのを恐れて属人化から脱却できない」**社員とも対峙し、そして**「自社の属人的な業務を標準化していく」**という視点のもとでIT化を推進できる人材が「IT人材」です。
　また、自社のIT化を率先して推進するためには、社会の最新情報を仕入れることが必要ですし、**システム会社との交渉力、また社内の人間との交渉力も必要**になります。ヒアリング力も欠かせません。

「経営面からIT戦略を考えることができる人材」とは

　経営面からIT戦略を考えるためには、「どのようなIT戦略を採れば会社の売上最大化に最も貢献できるか」「収益最大化に最も貢献できるか」「このカスタマイズは本当に会社の売上・収益に貢献するのか」といった**経営者目線でITを見る**ことができる必要があります。
　ただ単に、「最先端のITであればよい」「現行業務に合わせておけば良い」「現場社員の言うとおりにしておけばよい」「自分の現有知識で理解できる範囲内のプログラミング言語のITにしておけばよい」という発想では、経営者目線は持てません。

point　IT人材とは、自社のIT化を先頭に立って推進し、経営者目線でIT戦略を考えることのできる人材です。

IT人材は会社の未来を担う重要な人材

　IT人材像にあります「自社のIT化を率先して推進できる」「経営面からIT戦略を考えることができる」スキルを持つ人材は、将来は、ITだけではなく会社の経営層としても十分に通用する人材となります。

　これらの能力を持った人材を机上の研修のみで育成することは困難です。研修のみで身につくスキルではなく、実際にシステム導入に合わせて学んでいく**「OJT方式」がスキルアップの近道**といえます。

point　IT人材は、未来の経営幹部候補となります。

MEMO

unit 5

IT導入の キモ「RFP」

- ●RFP策定のメリット・30
- ●RFPの構成例・31

　RFP（Request For Proposal、提案依頼書）とは、情報システムの発注を行うにあたって、システム会社に具体的な提案を依頼するための文書のことです。このRFP策定が最適な基幹システムを導入するためのキモになります。

RFP策定のメリット

　RFPには、システム発注に対して希望する要件として、主に、①ITで何を実現したいのか(品質)、②ITにいくら掛けるのか(予算)、③いつまでに導入するのか(納期)を記述します。

　これまで情報システム・ITの発注においては、口約束やあいまいな発注により、開発現場の混乱や紛争の発生、納期の遅れやシステム障害などに悩まされてきました。**事前にRFPを通じて調達条件や契約内容を明らかにしておくことで、こうした混乱を最小限に抑える**ことができます。

　発注する立場からすると、RFP策定過程で社内ニーズを明確化でき、不必要なシステムを除外できたり、複数のシステム会社に見積を依頼しやすくなります。受注する立場からすると、システム開発中の要件変更などの不確定要素が減少し、トラブルプロジェクトになるリスクが少なくなります。RFPは、発注側も受注側も、お互いにとってWin-Winを生み出す文書であります。

> point　RFP策定は、最適なシステムを導入するためのキモです。システム導入プロジェクトでの混乱リスクを最小限に抑える効果があります。

RFPの構成例

　RFPは下記の構成例を基本としつつ、個々の企業の置かれた状況に合わせてアレンジしながら策定します。

- ●提案依頼の趣旨（システム化の目的）
- ●新システムに求める要件
  - (1) 機能要件（業務要件）
  - (2) 非機能要件（性能要件、セキュリティー要件など）
- ●予算額
- ●プロジェクト期間・納期の希望
- ●その他特記事項

point　RFPは個々の企業の置かれた状況に合わせて策定します。

MEMO

unit 6

RFP策定による業務の見える化

- RFP策定過程で「業務の見直し」を徹底的に議論・34
- 「業務改善」ではなく「業務をシステムに合わせる」・36
- RFPをもとに複数の選択肢から検討・37
- 要件に最もフィットしたシステム会社(パッケージシステム)の選定・38

RFP策定過程で「業務の見直し」を徹底的に議論

　RFP策定の際に重要なのが、社内業務の見える化を行うことです。

　社内業務の見える化を行うことで、「自社の強みとなる業務」や「社内の無駄な業務」が分かるようになり、**「不要な業務を廃止する決断」**や**「業務効率化を行う決断」**ができるようになります。

　社内業務を見える化するためには、まずは社内の業務を洗い出して文書化を行います。そして、無駄な業務はないか、効率化する方法はないか、などの議論を行います。

　ここで重要なのは、**「文書化無しに議論しない」**ということです。文書化無しの「空中戦」での議論では、議論の結論が明確でなく、堂々巡りも発生しやすくなります。各業務について「現状はどうか」「あるべき姿はどうか」「現状とあるべき姿のGAPはどうか」など、**GAPを埋めるための方策をしっかり文書として残すことが重要**です。

　業務の見直しの議論の中でよくある話として、「過去の担当者（前任者）から引き継がれたから行っている」とか「過去からのマニュアルに書いてあるから続けている」といった業務を見かけます。

こうした業務は見直しの対象になります。各業務には「前任者から言われたから」ではなく、「明確な目的」が存在するはずなのですが、それが分からなくなっているケースは頻繁に見られます。

　業務の見える化の議論を経ずにシステム化を行うと、「非効率な業務」までシステム化されてしまうことになります。 業務のシステム化によるメリットを享受できないばかりか、「非効率な業務」を高額な費用を払ってカスタマイズでシステム化してしまい、無駄なシステム保守経費が永続的に発生することにつながります。

point　現行業務・現行システムの現状を文書化した上で議論します。
　　　　文書化無しでの「空中戦」の議論は避けます。

「業務改善」ではなく
「業務をシステムに合わせる」

　システム会社の方は、自社のパッケージシステムに業務を合わせてもらうことを「業務改善」と言っているケースがあります。しかし実際は、業務改善ではなく、「業務をパッケージシステムに合わせる」という言い方が正しいです。**自社の過去からの業務に固執するより、パッケージシステムに業務を合わせるほうが、システム導入費用を抑えられるケースが多いのです。**

　業務の見える化を行った結果として、「自社の利益の源泉となる業務」であれば、多額の費用がかかってもシステム化すべき場合もあるでしょう。ただ、そうでなければ「業務をシステムに合わせる」ことを検討することになります。

point 「現行業務どおりのシステムを作る」「現在のやり方が正しい」と考えるのではなく、現行業務をゼロベースで再考して、「自社の利益の源泉」を見極めます。

RFPをもとに複数の選択肢から検討

　RFP策定が完了した後、次にシステム会社の選定に進みます。
　委託するシステム会社は複数の会社から選ぶことが大事です。例えば、生産管理システムの導入・更改を考える場合、生産管理システムを専門にしているシステム会社だけでも数十社ありますので、複数のシステム会社と交渉しようと思えば、時間もかかりますし、それに伴う人件費もかかります（これをトランザクションコスト（取引費用）と言います）。しかしRFPがあれば、要件が明確に文書化されているため、複数のシステム会社に情報を伝えることが容易になり、システム会社ともスムーズに話を進められるのです。

point　RFPを策定すれば、複数のシステム会社に情報を伝えることが容易になります。

要件に最もフィットした システム会社（パッケージシステム） の選定

　パッケージシステムの開発には様々なシステム会社が取り組んでおり、**各社のパッケージシステムによって得意・不得意があります。**

　例えば、生産管理のパッケージシステムで考えた場合では、見込生産に強い生産管理システムもあれば、製番管理や受注生産に強い生産管理システムもあります。もし、見込生産中心の企業であれば、見込生産に強いパッケージシステムを開発しているシステム会社に委託すべきです。見込生産が得意でないパッケージシステムを選択した場合、カスタマイズが多く必要となるため、コスト高となります。

　このように、**複数のシステム会社から選び抜くことが**、自社のニーズに最もフィットしたシステムを適切な価格で選択するための近道となります。

> **point** システム会社、パッケージシステムには、それぞれ得意・不得意があります。

unit 7

システム選定では相見積をとることが重要

- ● システムごとに異なる性能差・40
- ● カスタマイズ費用はシステム会社によってバラバラ・41
- ● システム価格は自社のニーズしだい・42

　システム導入費用の相場感を知るために欠かせないことは、「相見積をとること」です。
　システム会社やパッケージシステムを選定する上で、導入価格は重要な判断基準になります。できれば相場感を知っておきたいところだと思いますが、はっきりとした相場は存在しておりません。

システムごとに異なる性能差

　相場がはっきりしない理由の1つ目は、パッケージシステムによって性能に差があることです。例えば、一概に「生産管理システム」といっても、**それぞれのパッケージシステムで機能の違いが必ずあります**。競合他社に比べて「高機能」なパッケージシステムは、多額の開発費がかかっていたり、他システムに比べて付加価値が高いことから、売り手は高価格で販売することになります。

　また、「機能」「性能」といっても、「**この機能がいくら**」「**この性能がいくら**」という基準は、それぞれのシステムにより様々であることから、やはり相場ははっきりしません。

point　　システムの価格は、求める機能の違いによって差があります。

カスタマイズ費用は
システム会社によって
バラバラ

　相場が存在しない理由の2つ目は、パッケージシステムをそのまま導入せずにカスタマイズする場合、カスタマイズ開発費用がシステム会社によって異なることです。開発費用は「どの程度の作業工数（人月）がかかるか」を予測して見積を行いますが、**システム会社によって人月単価は異なりますし**、それぞれのパッケージシステムによって、カスタマイズにかかる手間が全く異なりますので、やはり相場ははっきりしません。

　さらにカスタマイズ開発費用は、見積段階では「概算」しか分かりません。要件定義、基本設計の過程を経て初めて正確な価格が判明するのが一般的です。

point **カスタマイズ費用は、見積段階ではあくまで「概算見積」であり、要件定義や基本設計を経て確定します。**

システム価格は
自社のニーズしだい

　システム導入費用は、システムに求める性能・機能や、カスタマイズの内容等により変動します。「**社会一般的なシステムの相場**」ではなく、「**自社のニーズを満たすシステムの価格**」を見極める必要があります。

　そのためには、相見積をとって比較するということが大事になります。

　相見積をとりたくても、システム会社によっては概算見積すらも断ってくる場合があります。見積作業もたいへんだからです。その場合は、人件費を支払って見積もってもらう場合もあります。

point　　システム会社による見積作業も、たいへんな作業なのです。

ベンダーロックイン

unit 8

- ● ベンダーロックインの弊害・44
- ● ベンダーロックインを防ぐために・45

　「ベンダー（vendor）」は、「売り手」を意味する英語で、IT業界では、システム会社（情報システム提供会社やITサービス提供会社）のことを「ITベンダー」と呼びます。
　そして、「ベンダーロックイン」とは、ある特定のベンダーが、ユーザーを自社製品で囲い込むことを言います。
　1社独占状態でシステム会社と契約する場合には、注意が必要です。

ベンダーロックインの弊害

　ベンダーロックインは、特にITに限った話ではありません。ITにおいては、ある特定のシステム会社の製品、ソフトウェアにガッチリ囲い込まれてしまい、ユーザー企業が自由度を失って、その他のシステム会社と契約する余地がなくなってしまい、その後の契約が不利になったりする恐れがあります。

　もちろん、自社内のシステムをまとめて購入する結果、「大口割引」の扱いで安くなったり、業者間のコミュニケーションロスが減少するメリットがありますので、プラス効果を発揮するケースもあります。でも、囲い込んだシステム会社の「言いなり」になって、他社にオーダーできる余地がなくなってしまった結果、特に追加オーダーの際に、**価格面で抵抗できなくなる事例**があります。

　その他の事例としては、1社独占になって、他社との契約を全て断ち切った結果、競合が減ったことに安心したのか、**仕事のレベルが低下して、期待レベルまで到達しない、というケース**も見られます。

　医療でも「セカンドオピニオン」があるように、やはりITでも、「第二の意見」を聴くことは重要です。

point ベンダーロックインにより、IT選択（＝経営判断）の自由度が失われないようにすることが重要です。

ベンダーロックインを
防ぐために

　ユーザー企業としては、独占契約にならないような契約形態、例えば、基幹システムはA社と契約し、他のシステムはB社、といった**「マルチベンダー」形式の採用**などの考慮が必要です。

　ただ、経営リソースが限られた中小企業では、マルチベンダー契約が難しい場合があります。そういう時のために、自社の「IT人材」をしっかり育成して、「これは必要」「これは自社でやります」とはっきり渡り合える人材・体制を整えておくことが大切です。

point　**自社のIT人材の育成が、ベンダーロックインを防ぐカギです。**

MEMO

unit 9

システム会社と
うまくお付き合いする
コツ

- コミュニケーション能力のあるPM、SEに依頼・48
- 不安があれば早めに伝えて早めに払拭・49
- ベンダーマネジメントスキルの養成・50

　基幹システムは「会社の命」ですので、ユーザーとしては、システム開発・導入を行うSE（システムエンジニア）、PM（プロジェクトマネージャー）には「命を預ける」ことになると言えます。

コミュニケーション能力のあるPM、SEに依頼

　PM（プロジェクトマネージャー）やSE（システムエンジニア）の方と会話をする場合は、「この方々に我が社の命を託せるか」という目線でお話しする必要があります。

　システムの発注前（プロポーザル局面）と発注後とでは、別のSEの方が担当になることも多いです。プロポーザルの時に来られたSEの方はとても話しやすい方だったが、要件定義以降の担当SEの方は意思疎通が図りにくい…というケースも多くあります。

point 「このシステム会社の方々に我が社の命運を託せるか」という目線で、PM、SEと真摯に接します。

不安があれば早めに伝えて早めに払拭

　担当者とのコミュニケーションに不安を覚えた場合、「私のせいではない」「仕方がない」で終わらせないでください。この場合は、まずどんな不安を感じているかをしっかり担当者本人に伝え、場合によっては改善をお願いします。

　それでも改善しない場合は、システム会社に自分の意思を丁重にお伝えし、**担当者を代えていただくようにお願いする必要**があります。もちろん無理かもしれませんが、行動することが重要です。

　私が過去に不安に感じた方は、以下のような方でした。

- ●報告・連絡・相談がない
- ●質問をせずに勝手な解釈で進める
- ●人の話を聞かない
- ●自分の言いたいことだけ喋る
- ●ノートやメモを取らない
- ●同じミスが繰り返される

point　　**自社の命運のために、勇気を出して不安を伝え、行動します。**

ベンダーマネジメントスキルの養成

　自社の要件にフィットしたシステムを開発・導入できるかどうかは担当者の力量に大きく依存します。カスタマイズを伴うシステム導入があればなおさら依存度は大きくなります。

　「言いにくいことだから」といって不安を隠したまま時を経過させるのでは「会社の命」を守り切れません。**システム会社（IT ベンダー）を管理する能力「ベンダーマネジメントスキル」**が問われます。勇気を出して行動に移すことが重要です。

point　システム開発は、担当者個人の力量に大きく依存します。

unit 10

ユーザー企業と システム会社の ギャップ

- SEの苦悩・52
- ユーザー企業の苦悩・54
- ユーザー企業とシステム会社がWin-Winになるために・56

SEの苦悩

　私は2000年に社会人になり、その社会人生活の大半の時間をシステムエンジニア（SE）として過ごしてきました。ですので、中小企業診断士・ITコンサルタントとして独立した今でも、SEに対する思い入れはとても強いです。ユーザー企業を支援しながらも、「SEに幸あれ」と心から思っています。

　SEは時代の最先端にいるように見えて、随分と辛い思いをしています。私のSEの時の苦悩を振り返ってみたいと思います。

　機械や衣料品、食料品と同様、ITも人間が作ったものです。いくらがんばっても残念ながら「壊れるもの」です。しかし、**人間が作ったものであるにも関わらず、なぜかITは「万能」と思われがち**です。「壊れずに動いて当たり前」という前提で見られるので、「当たり前に動いていること」に対して、なかなかありがたみを感じてもらえません。

　「当たり前に動く」ためには陰で必死の努力があります。SEは、システムを深夜や早朝など、お客様がシステムをあまり利用していない時間帯を使ってメンテナンスします。私はこれを「夜討ち朝駆け」と言っていました。昼間に休めるかと思ったら、残

念ながら、深夜・早朝作業の準備のために、それもままなりません。

　また、ユーザー企業からは急な資料作成の依頼もあります。徹夜で会議して、資料を作ったこともありました。仕事を受注しお金をいただく側の立場ですので、当然のことかもしれません。ただ、お客様が自身の社内で説明するための書類をシステム会社にどこまで作成を委ねてよいものか、という程度の問題があるでしょう。

　もちろん他の業界にも、同じような苦労をされている方はいらっしゃいます。他の業界を見られる中小企業診断士の立場に移ってから、ようやく分かってきました。私はSEから中小企業診断士に転身した後、いろんな業界の方とお話させていただき、叱咤アドバイスをいただきました。「SEの常識は世間の非常識」と感じるところも正直多く出てきました。服装マナーしかり、出勤時刻しかり、メールのマナーしかりです。

　こんな状況にあっても、業界最先端の知識を吸収しながら仕事ができるのは楽しいものでした。知的好奇心旺盛な方にとって、SEは素晴らしい仕事です。ITは変化が激しいので、「変化を恐れることは許されない仕事」、それがSEの仕事です。

　楽しい思い、楽しい結果を残したいならば、その過程での大きな苦労はつきものです。苦労が大きければ大きいほど、その後には素晴らしい将来が待っています。

point　「当たり前に動くシステム」の裏には、SEの必死の努力があります。

ユーザー企業の苦悩

　IT を導入する側の企業、ユーザー企業にとっては、自社の業界の話や自社の仕事の分野には精通していますが、IT 用語には精通していません。ですが、**IT の話となると、決まって横文字（英語）の言葉が羅列されます。**「クラウド」「ビッグデータ」「SaaS、PaaS、IaaS」「BYOD」「SOA」など、枚挙に暇がありません。

　グーグルやアップルなど、IT の最先端は英語圏であり、かつ IT はどんどん新しい情報に置き換わっていくこともあり、日本語に訳されることなく、直輸入された言葉を IT 技術者は使うことになります。

　これだけではありません。機械にまつわる技術的な話や、IT の仕組みの話自体が、一般人にとっては相当複雑なお話です。この結果として、ユーザー企業は「煙に巻かれる」ことになるのです。
「もっと噛み砕いて話してもらいたい」
「分かりやすい言葉を使って伝えてほしい」
ユーザー企業の担当者の多くはそう思っています。IT 技術者が簡単に理解できるからと言って、ユーザー企業のすべての人がそうとは限らないのです。

　また、ユーザー企業にとっては、自社がシステムでやりたいこと、

業務要件を、簡単にはシステム会社に伝えられないのです。そして、システムを導入した後になって、
「ほんとは○○してほしかったのに…」
「なぜこんな簡単な○○ができないのか？」
といった意見が社内の利用者からあがり、ユーザー企業のシステム担当者が社内で責められます。
　片や、システム会社からは、
「そのような要件、元々はなかったですよね。」
「追加費用について相談させてください。」
と突き上げられます。こうしてシステム担当者は、板挟みになってしまいます。
　ITで大きなメリットを享受しようとすれば、それなりに巨額の費用が発生します。ユーザー企業の担当者は、そんな重責のなかでプレッシャーに耐えながら、縁の下で努力を続けています。

point　ユーザー企業のシステム担当者は、システム会社とユーザー部門の板挟みになりながら、必死に努力されています。

中小企業の基幹システム導入・更改　成功への道　55

ユーザー企業と
システム会社が
Win-Winになるために

　SE（システム会社）とユーザー（企業）の間には、大きな「ギャップ」があります。
　まずは、契約のお話です。
　高額なシステム開発の案件になると、相見積を行うことになります。ここで出てくる見積金額ですが、システム会社によっては、「他社さんは○○千万円を提示してきたのですが…」と言うと、根拠なく価格が変更されたりするケースがあります。ユーザー企業としては、見積り金額が下がったことに対する満足感とともに、「本当に信用しても大丈夫なのだろうか？」という疑問が湧くのではないのでしょうか。
　システムエンジニアをしていた私としては、「要件を減らした」とか「ハードウェアの性能レベルを下げた」などであれば納得ですが、**理由が不明確な「安易な値下げ」は非常に危険**だと思っています。
　危険な点としては、大きく、
　●システムの品質が低下することはないか
　●プロジェクトが進むにつれて追加コストが膨らむことはないか
　●納期が間に合うか
といった問題が考えられます。

プロジェクトの失敗を生み出す可能性もありますし、私の経験では、無理な値下げが人手不足を招くこともあり得ます。これは、ITに関わらず、どこの業界でも同じことです。**「適正価格」をお互いが認識することが大事**ではないかと思います。

　また、システム会社による「要件の思い込み」も、よくあるケースです。ユーザー企業の要件をしっかりと確認することなく、システム会社側で勝手に前提条件を考えて、**オーバースペック（過剰品質）なシステム**を開発してしまうケースがあります。ちなみに、これについては、システム会社は、将来の保守作業やシステム拡張を容易にできるようにと考えて、善意でやっているケースも多いです。

　そして、IT業界の特徴として、良くも悪くも「人材の入れ替わりが激しい」ことがあります。ITの人材市場は、スキルレベル次第で条件の良い会社へと転社しやすいため、結果として、システム会社の担当者は変更になりやすいといえます。そうなると、前任者からの引継ぎが御座成りになる可能性も自ずから増えてきます。ユーザー企業にとっては、何度も信頼関係を構築していくのはたいへんです。

　対策としては、ユーザー企業の社内にIT人材をしっかりと育成しておくことが肝要です。

　このように、システム会社とユーザー企業の間にはギャップがあるのです。お互いの苦悩、思いを心の底から分かち合い、そして、お互いが満足できる成功プロジェクトを生み出していくことを願って、私は今の仕事に取り組んでいます。

point **システム会社とユーザー企業のギャップをお互いに理解して、信頼関係を築いていくことが肝要です。**

MEMO

unit 11

「IT満足度調査」「ITについて考えるワークショップ」の定期実施

- システムのサービスインは「ゴール」ではなく「スタート」・60
- システム導入の本来の目的を実現しているか定期的なチェックが必要・61
- 「IT満足度調査」「ワークショップ」の目的はIT担当の円滑業務遂行のため・62

システムのサービスインは「ゴール」ではなく「スタート」

　以前は、新システム本格稼働開始のことを「カットオーバー」と呼んでいました。「カットオーバー」とは「木を伐採した土地」という意味があり、「伐採完了」を強調した言葉と思われます。

　しかし、最近では、新システム本格稼働開始のことを「サービスイン」と呼ぶようになりました。「サービスイン」とは、新システム本格稼働開始はゴールではなく、「サービスの始まり」という意味を強調する言葉であります。

　システム導入・更改プロジェクトでは、システム本格稼働を目標として突き進みますが、これはゴールではありません。**どのようなシステムにも完璧なものはありませんし、常に新しい問題点や改善点が出てきます。**また、システムを導入した本来の目的、例えば売上アップ、コストダウンなど、本来の目的を実現して初めてシステム導入が成功したと言えます。

point　システムのサービスインがゴールではなく、その先にある経営ビジョン実現が本来のゴールです。

システム導入の本来の目的を実現しているか定期的なチェックが必要

　時代が変われば業務のやり方も変わります。また、システム導入当初にあったニーズもやがて消えたり、または新たなニーズ、新たな不満が生まれたりします。

　システムの社内定着を促進し、末永く使ってもらえるシステムにするためには、「**システムはサービスイン後からがスタート**」という発想を持ち、定期的に「IT満足度調査」や「ワークショップ」等を行う必要があります。

　これにより、普段聴けないようなシステムに対する不満やニーズを聴き出すことができるようになります。特に、ファシリテータを交えたグループでのワークショップを行えば、隠れた意見が出やすくなります。

point　**定期的に「IT満足度調査」や「ワークショップ」を行う必要があります。**

「IT満足度調査」「ワークショップ」の目的はIT担当の円滑業務遂行のため

　通常のIT担当者の方たちは、このようなアンケートやワークショップは敬遠しがちです。「自分たちの悪口が書かれたら困る」というのが大きな理由です。

　しかし、これらを行うことは、IT担当者のためでもあるのです。次世代システム更改に向けた問題提起をしてくれるものであり、**自社のITの未来の方向性のヒントをくれる重要な情報**です。今後の仕事を円滑に進めるための貴重な情報となります。

　自社の明るい未来のために、積極的に意見を訊くべきなのです。

point　　システム担当者への悪口も、勇気を出して一旦受け入れます。

unit 12

「モグラ化」した システムの更改

- ● システムの「モグラ化」とは・64
- ● モグラ化したシステムを見つけるポイント・65
- ● システムのモグラ化を防ぐために・66

システムの「モグラ化」とは

　RFPを策定する際に、モグラのように穴の中、陰に潜んで、「どこにサーバーで稼働しているのか不明」「どんな機能があるのか不明」「どんな価値があるのか不明」なシステム、プログラムに遭遇することがあります。私はこれを「システムの"モグラ"化」と呼んでいます。

　ITの世界では、複雑すぎて解析・保守が困難であり、修正したら他のプログラムにどんな影響を及ぼすのか計り知れないプログラムのことを「スパゲッティープログラム」と呼びます。

　そして、ここで言う「モグラ化したシステム」とは、

- **仕様書がなく、ソースコードを見ないと仕様がつかめないシステム**
- **システム製作者や、システム担当者が退職**してしまい、社内の誰も仕様を理解していない**システム**
- 社内の数人が利用しているが、その**システムの構造、仕組みを、利用者の誰も理解せずに利用している**システム

などを指します。

　このようなシステムは、基幹システムの一部に潜んでいたり、基幹システムのサブシステムとして存在しているケースがあり、基幹システム更改時に、「仕様漏れ」としてトラブルの元凶となります。

> point　モグラ化したシステムは、システム更改時に「仕様漏れ」を生み出し、トラブルの元凶となります。

モグラ化した
システムを見つける
ポイント

　私の経験では、データベースソフト（Accessなど）を使用した基幹システムや、表計算ソフト（Excelなど）のマクロを使用したシステムに多く見受けられます。こうしたシステムは、比較的構築が容易であるため、社内SEが作成したり、社外に低価格で外注したりして作成されます。

　もちろん、これに限らず、その他のソフトウェア、プログラム言語でも遭遇します。

　モグラ化したシステムを全て見つけ出すためには、**社内の業務をどこまで理解しているか、社内業務を理解した人材をシステム更改プロジェクトにしっかりと巻き込めているか**、がポイントになります。

point　モグラ化したシステムを見つけるためには、ヒアリングのスキルが問われます。

システムの モグラ化を 防ぐために

　システムのモグラ化を防ぐためには、常日頃から、社内の全システムの概要を記述した「システム全体概要書」、各個別システムの「仕様書」を文書で作成して、システム変更に合わせて、文書も継続的に更新していく必要があります。

　「システム全体概要書」については、社内で説明会や勉強会を開催することで、システム担当でない方でも理解できるレベルを目指します。社内のシステム担当者が突然いなくなったり、異動しても大丈夫なようにしておくことが重要です。

　個別システムの「仕様書」については、社内や外注先のシステム関係者が理解できる内容を整備することになります。特に、自社オリジナルに開発されたシステムであれば、プログラムの詳細な処理内容やデータベース仕様の文書化が欠かせません。

　これらの整備には時間がかかりますが、**常日頃から地道に文書の整備を行っていくことが、将来のシステム更改におけるリスクを軽減し、システムのモグラ化を防ぐ近道**となります。

point　常日頃からシステムに関する文書を整えておき、人事異動が発生しても引き継ぎできるようにしておくことが欠かせません。

unit 13

新システムの
ネーミング

● システムに名前を付ける目的・68
● プロジェクト成功に向けた社内の一体感の醸成・69
● プロジェクト会議に変化が…・70
● 新システムに愛着を持ってもらうために・71

　私が過去に関わってきた基幹システム更改では、ほぼすべてのお客様の基幹システムにおいて、新システムに「名前」をつけてきました。
　基幹システムの検討（RFP策定）から導入・導入後の運用に至る過程においては、基幹システムの名称を、社内で何度も発言することになります。そのシステム名がいつまでも「新システム」という名称ではあまりに空虚ですし、もったいないといえます。

システムに名前を付ける目的

システムに名前をつける目的は、下記のとおりです。
- 皆が共通の名称を呼び合うことで、会社が**新システム導入プロジェクト成功に向けて一丸となる**。
- 自社のミッションや経営ビジョンなど、**自社の目指す方向性に常に立ち返る**ことができる。
- 新システムに愛着を持つようになる。

常に発し続ける名前だからこそ、「新システム」という名称では勿体無いのです。

point　新システムに名前をつけないのは、もったいないことです。

プロジェクト成功に向けた社内の一体感の醸成

　名前の付け方は企業により様々ですが、発言することによってポジティブになれる名前が望まれます。たとえば、**自社のミッションや経営ビジョンの中に出てくる言葉からピックアップされるケースが最も多い**です。

　自社のミッションや経営ビジョンに沿った名前を付けることで、新システム導入プロジェクトが自社の未来にとって不可欠であることを社内に認識させ、**社内でプロジェクト成功に向けた一体感を醸成**することができます。また、新システムの名前にポジティブな名前を付ければ、「発話思考」の効果を生み出せます。仮に、「INNOVATION（イノベーション）」という名前を付けたとしたら、何度もそれを発することによって、無意識のうちに「INNOVATION」を目指すようになります。

　私が過去にIBMに勤めていた時も、ほぼすべてのシステムに名前、愛称がついていたのを記憶しています。

point　**自社のミッションや経営ビジョンに沿った名前をシステムにつけることで、プロジェクトメンバーが、無意識のうちにミッション、経営ビジョン実現に向かって動き始めます。**

プロジェクト会議に変化が…

「新システム」という名称から、システムに名前をつけた途端に、プロジェクトメンバーの一体感が一変するのをいつも感じています。

それまでの会議では「新システム」と呼ばれていたものが、新しいシステム名に呼び名が変わっているのです。ミッションや経営ビジョン実現のために、プロジェクトを成功させようというメンバーの気概が伝わってくるようになります。

point　システムに名前を付けると、1人1人のプロジェクトメンバーが、使命に向かって突き進み始めます。

新システムに愛着を持ってもらうために

　システム名に愛着を持たせるためには、経営者やシステム担当者の一存で決めるのではなく、プロジェクトメンバーで決めることが大切です。

　また、プロジェクトメンバーで決めるに際しては、事前にシステム名について社内アンケートを行い、その結果も参考にして決める方法があります。**アンケート用紙には、あらかじめ「ミッションや経営ビジョンに関連した名前を付けてください」などと記載**しておくことで、会社の未来の方向性に沿ったシステム名が期待できます。

　システム名を決定するプロジェクトメンバーは、システム部門のメンバーではなく、**ユーザー部門から参加しているプロジェクトメンバーの意見を尊重して決定するのが望ましい**です。

　システム名を社内全体、全社から選抜されたプロジェクトメンバーで決めることで、社員が新システムに親しみ、愛着が持てるようになり、プロジェクト成功に向けた素地を作り出すことができます。

point　システム名は、一部の人間で決めるのではなく、プロジェクトメンバーの総意で決めます。

MEMO

unit 14

CIOを任命する

- CIOとして不可欠なスキル:現場の業務知識・74
- CIOとして不可欠な要素:最新のITトレンドの探求・75
- 社外CIOという選択肢も…・76

　CIO(Chief Information Officerの略。最高情報責任者)とは、自社のIT戦略や情報管理を統括する役員のことを指します。最新のITトレンドに目を光らせつつ、自社の経営戦略や経営理念に沿って、IT戦略やIT投資計画の策定、IT課題を解決する責任を持ちます。

CIOとして不可欠な
スキル:現場の業務知識

　CIOは経営者の目線でIT課題を解決する必要があります。そのために欠かせない知識は、現場の業務知識です。

　ITに詳しいだけではなく、社内の業務をしっかりと理解してこそ、現場での課題を発見することができるのです。

　例えば、製造業で言えば、「現場」とは、「生産の現場」だけでなく、「購買の現場」や「営業の現場」も含まれます。開発設計、品質保証、営業事務、コールセンターなど、「現場」は細分化すればまだまだありますが、これらの現場をしっかり理解した人材こそがCIOへの素養を満たしているといえます。

　また、業務知識が不足していると、現場の社員への説得力に欠けてしまいます。「現場のことも知らないで…」といったクレームや不満足を発生させ、自社の従業員を統括、指揮することが困難になります。

point　CIOは、製造・営業等、現場の状況をしっかりと把握しておく必要があります。

CIOとして不可欠な要素:最新のITトレンドの探求

　さらに、CIO には自社の業務知識だけではなく、最新の IT トレンドを追いかける「知的好奇心」が欠かせません。IT 関連の展示会を視察することも必要ですし、雑誌やメールマガジンなどで、最新情報を常に仕入れておく必要があります。

　これらは知的好奇心から来るものです。「仕事」と感じるのではなく「趣味」の延長であってもよいかもしれません。

　CIO は現場で発生している課題を常に注視し、また最新の IT トレンドを把握して、自社の経営ビジョンに沿って、業務課題、IT 課題の解決を実践していく必要があります。

　「現場のエゴ」でもない、「経営者の先走り」でもない、経営ビジョンに沿った IT 戦略を実践していくことが CIO には求められます。

point　　CIOは、現場と経営層の橋渡し役を担います。

社外CIOという選択肢も

　社内でCIO適任者がいない場合には、ITコンサルタントなどに「社外CIO」を委託することが可能です。

　月に1〜2回の取締役会や経営会議、IT部門の会議などに参加して、経営の目線とITの目線から思ったこと、感じたことを伝えてもらい、経営戦略やIT戦略、業務見直しへと反映させていきます。

　社外CIOを依頼するにあたっては、企業のミッション、経営ビジョン、経営課題、お客様企業の業務知識、ITの利用状況などについて、十分に情報提供を行って、理解してもらった上でアドバイスを受ける必要があります。そのため、**社外CIOによる経営幹部や現場社員への十分なヒアリングの時間確保が必要**となります。

point　　CIOを社外に求める方法も選択肢の1つです。

付

あなたの会社の ベストマッチIT導入 チェックリスト

　自社のITを見直すきっかけ作りのために、チェックリストに自社の状況を回答してみてください。
　全てYESであれば大きな問題はありません。
　1つでもNOがあれば、NOの項目について自社内でそれに関する問題が発生していないか、確認・検討を行うポイントとなります。

	質問項目	回答
導入	1. システムの価格の根拠を正しく理解して導入している。	YES・NO
	2. システム導入時に相見積を取っている。	YES・NO
	3. 部門横断型のプロジェクトチームを作って、システム導入の検討を行っている。	YES・NO
最適度	4. 自社システムの詳しい内容を理解できている。	YES・NO
	5. 営業・製造・総務等、各部署の業務にマッチしたシステムとなっている。	YES・NO
	6. 過去、システム導入後に、社内の不満が噴出したことはない。	YES・NO
	7. 「導入したが利用されてないシステム」は社内に存在していない。	YES・NO
運用	8. 定期的にIT満足度に関するヒアリングを社内で実施している。	YES・NO
	9. 社内で対応できるIT人材が複数人存在している。	YES・NO
	10. システムから情報を抽出して、経営分析等に有効活用できている。	YES・NO

●著者プロフィール

おお た ふみ お
太田記生(本名：太田文男)

　岡山操山高等学校、岡山大学卒業。同志社大学大学院総合政策科学研究科修了後、日本アイ・ビー・エム株式会社に入社。システムエンジニア、プロジェクトマネージャーとして、約250カ店接続の営業店システムや、24時間稼働インターネットバンキングシステム、マルチペイメントネットワークシステムなど、オープン系システムのアプリケーション開発・システムインフラ構築を担当するとともに、都市銀行のシステム統合を担当。

　中小企業診断士に合格して、2008年に独立。地域資源活用事業、農商工連携事業、新連携事業、経営革新、創業など様々な事業計画を立案し、100社を超える中小企業の経営コンサルティング・ITコンサルティング実績を持つ。

　現在は、ITコンサルタントとして、製造業を中心に、コーチング・ファシリテーションを用いたIT戦略立案・遂行、基幹システム更改プロジェクト推進、業務改善のサポートに取り組む。

- ●ITプラン株式会社の業務内容
  - ITコンサルティング・IT戦略策定・ITプロジェクト推進サポート
  - 生産管理システム・販売管理システム等中小企業の基幹システム導入・更改コンサルティング
  - ・RFP策定による最適なIT導入とコスト削減をサポート
  - ・プロジェクト型支援によるIT導入スピードアップの実現
  - ・IT人材育成
  - ・ITの社内定着推進
  - ・WEBシステム構築／WEBディレクション

- ●ITプラン株式会社のミッション
岡山を中心とした中小・中堅企業に対して、グローバルなプロジェクト型ITコンサルティングサービスを提供することで、お客様企業に「大企業レベル」のITイノベーションを生み出す！

ITプラン株式会社
〒700-0806 岡山市北区広瀬町11-17
info@itplan-global.com
https://www.itplan-global.com

中小企業の基幹システム導入・更改
成功への道

2017年10月28日 初版発行

著 者：太田記生
発行人：石井省三
発行人：書肆亥工房
　　　岡山事務所　〒700-0811 岡山市北区丸の内1-1-15
　　　倉敷事務所　〒711-0911 倉敷市児島小川9-3-17
　　　　　　　　　電話(総代表) 086-225-3170
　　　　　　　　　E-mail：ishigai@snow.plala.or.jp
印刷所：株式会社 二鶴堂

©2017 Printed in japan　ISBN978-4-915076-51-0 C0034

ISBN978-4-915076-51-0
C0034 ¥1000E

書肆亥工房

定価 本体1000円 +税

GAIKOBO